JN410007

가만히
너를 즐긴다

가만히 너를 즐긴다

송다인 시집

초판발행 | 2011년 5월 1일
저　　자 | 송다인

발 행 인 | 최장락
발 행 처 | 도서출판 두손컴(등록번호 제329-1997-13호)
부산광역시 부산진구 부전2동 526-12 삼성B/D 301호
대표 : (051)805-8002 / 팩스 : (051)805-8045
전자우편 : doosoncomm@hanmail.net

ISBN 978-89-91674-02-8-03810
값 8,000원

* 잘못 만들어진 책은 바꾸어 드립니다.

가만히
너를 즐긴다

송다인 시집

도서출판 두손컴

| 시인의 말 |

나는 언제나 詩를 향하고 있습니다.
그러면 행복이 내 안에 가득합니다.
한 줄 시를 위하여 틈만 나면
야생의 길을 떠나고 있습니다.
청량한 산속 깊이 들어서 보면
산속의 심장 소리 들리는 듯
구름이 와서 산문을 여닫는 것 같았습니다.
꽃 청산의 산 그림자들도 보았습니다.
좋은 사람들과 좋은 풍광 속을 탐방하니
덩달아서 제 인생도 풍만해지는 것 같았습니다.
두 발은 부지런히 땅을 디디는데 머리는 이미
저 높은 곳의 진풍경에 사로잡혀 있습니다.
가슴에 열정이 살아 있으면 꿈도 자란다고 합니다.

푸른 심장의 고향바다를
살면서 내내 잊을 수 없기 때문에
詩와 사랑의 바다도 펴 올렸습니다.
한 줄의 詩에서 독자들의 미소가 흐르고
맑은 샘물이 솟아나고 밝은 웃음이 되어서
가슴 속에 행복을 불러오면 좋겠습니다.

참으로 그날이 오고 있습니다.

2011년 봄날에
기장 봉대산 기슭에서
松楫 송 다 인

| 차례 |

제2부
천상의 선율

제3부
문학 도시의 바다

제1부

한 줄 詩를 위하여

꿈도 자란다

만해마을
청정 숲 속에
시인들이 웅성거리네

백담에서
끝없이 펼쳐
山빛의 詩를 만나네

너와 함께
머리 맞대고 있으니
만남이 더 반짝거리네

시의 나목裸木에
인생의 향기가
단비처럼 흐르네

밤새 우는 개구리 소리
詩도 쑥쑥
꿈도 자라네

새벽 열차

칠흑 같은 밤바다를 질주하는 건
외줄타기 광대의 두근거림이다
일상을 뒤로 한 도전은
이미 반짝거리고 있다
온갖 시름 다 잊고 떠나는 마음
서서히 어둠을 벗어나고 있다
새벽 열차의 은은한 절규
얇은 여름 구름이
산마루에 뿌려져
대구까지 이어져 있다
스쳐 지나가는 청초한 풍경 속
가만히 너를 즐긴다
눈도 좀 쉬고 마음도 좀 쉬고
더운 육체도 좀 쉬어가려마
날 부르지 마
너도 달리고 내 마음도 달리고
고개 들어 하늘을 바라보는 자세 그대로
너무 평온한 탈출이다
싱그러운 산천의 여명
오늘의 태양은 떠오르고 있다
너와 나의 미래도 밝아오고 있다

바람이 바람에게

바람 불어 좋은 날
해금강 선착장의 바람이
민둥산 천연잔디의 바람에게
쪽빛 속살 겨드랑에 끼고서
할 말이 있다며 가지런히 포개는구나
해풍을 품었으니 게으름이 없이
풀빛 풍차를 지천으로 돌리면서
빛나는 활력을 뿌리는구나
푸드득 힘찬 나래 짓의 새떼
만면에 웃음 가득 물장구치면서
줄행랑치다가도 되돌아오는구나
저기 저 바람의 선한 빛깔들
안도의 고향바다로
살며시 가만히 귀향하는구나
잊혀진 바람이
여기 불어오는 바람에게
정갈한 속삭임으로
지금도 나를 간지럽히는구나

새들도 잠 못 이루는 밤이 있다

울창한 숲 속을 고공하는 울림
산바람 타고 창공을 휘젓는 소리
임이 그리워 연연하는 소리인지
고독을 달래려 한숨 쉬는 소리인지
자식을 떠나보낸 아픔인지
허기에 지친 서글픔인지
한밤에 우지지는 신음소리
잠 못 이루는 밤이
새들에게도 있다
울려 퍼지는
한 떨기 애닯음에
위로의 엽서라도
한 장 띄우려는지
잠 못 이루는 삼라만상의 수신
오솔길을 가로지르며
흘리는 이명의 나부낌
그리운 사람을 만나는
참으로 그날이 와
그리다 잠이 들련지
꿈속의 꿈을 쫓아
날밤을 지새려는지

한 줄 詩를 위하여

전화기마저 꺼버리고
홀로 너를 만나러 간다
가다가 모르면 묻고 또 물어가면서
가도 가도 끝이 보이지 않는 들녘 길
낯선 곳으로 떠나는 두근거림
길을 헤매다 어두워 질 때쯤
홀연히 치솟는 새떼를 본다
새까만 청둥오리들 저기 저
절대로 부딪히지 않는
황홀한 콘서트의 전율을 본다
억새 춤추는 물 위 바람 따라
공작새처럼 나래를 펼치면서
슬겅슬겅 그대에게 다가서는
고니의 뽀오얀 사랑을 훔쳐본다

서정에 몰입해
시간가는 줄 모르고
하룻밤 쉬어가지도 못하는
얽매인 시간의 프리즘
저 섬세한 순간의 충격 속
내 눈동자는 자꾸만 웃는다

보는 이마다 행운이 온다

사람들은 살면서 행운을 바란다
좀체 오지 않는 행운을 말이다
운문사의 그 토끼를 보면 행운이 온다
어디메서 유래된 이야기인지
삽상한 운문사의 늦가을 풍경 속
뜰 안 귀퉁이에서 홀연히 나타나
올망졸망 잘도 피하는 토끼 한 마리
몇몇 사람들 틈에서 품에 담는다
귀한 인연 놓칠세라 찰칵찰칵
곁의 교수님 모시고 찰칵
내 눈 속에 각인된 앙증스러움
인화된 형상은 뽀오얌의 극치다
화안히 웃고 계신 교수님 뒤 산토끼
마음껏 바라보려 코팅 옷 입힌다
교수님께 전하는 행운의 사진 한 장
전하는 발걸음이 콧노래를 부른다
까만 눈 까만 귀 눈부신 광채의 풍요
지금도 행운의 씨앗을 흩날린다
백수 아들의 책상 위에서
손자들의 책상 위에서
웅크리고 앉아서 꿈을 키운다
덤으로 행운의 꽃이 핀다

순간포착 토끼의 영원을 본다

아가와 그네

15개월 아가의 나들이
나도 아가와 나란히 그네를 탄다
한나절이 웃는다
밀어주고 앉고 넌지시 너를 훔쳐본다
그네 줄을 꽉 잡은 꼬막손
한 번도 떨어지지 않는데
엉덩이를 점점 세게 미는
내 손이 떨리고 있다
요람이듯 자장가이듯
엄마 양수 속 고향이듯
출렁대며 삐꺽 대며
용감무쌍 고공행진을 한다
누가 시키지 않아도 태연히
두 다리를 폈다 내렸다 앉아서 글쎄
한 움큼의 미래를 설계라도 하는 지
형아 누나 생각에 기쁨이라도 휘날리는 지
좀체 내려올 생각도 않는다
가속이 붙어서 제법 높이 올라가건만
하늘 향해 그네 줄에 매달린 채
두 주먹 불끈 쥐고 만면에 웃음 가득
유유자적 그네를 타는 너
가만히 너를 즐긴다

선운사의 가을

온산에 흐드러진 꽃무릇의 향연이오
선운사의 가을이 시집가는 날이요
화려한 꽃 댕기 머리에 이고지고
임 찾아 산들산들 떠나는 길이요
가녀린 꽃줄기는 녹색 마차를 타고
너무나 당당한 꽃마실의 행차요
주황과 녹두의 화려한 추임새
수평선의 행복이 잔뜩 넘실거려요
머리끝부터 발끝까지 연지곤지 도배를 하고
꽃가마 타고서 홍시처럼 홍얼거려요
꽃은 잎이 그리워 잎은 꽃이 그리워
사무친 情 상사화라
썰렁한 꽃대만이 부르르 떨고 있어요
진다홍 입술엔 첫 키스의 흔적인양
요리조리 살랑대며 부끄러워하는
저 유혹의 눈부신 촉수들 좀 봐요
화아악 쏴아악 내 뿜고 있는
희망과 화해의 상모춤
어와둥둥 어절씨구 콩당콩당 퐁당퐁당
찬란한 첫사랑의 두근거림 좀 봐요
마구 그대를 흔들어대면서 딱 붙어서
일제히 환호하며 보릿대춤을 추고 있는
저 아름다운 사랑들 좀 보아요

수국

1
누가 심어 놓은 정원의 바다인가
눈부신 희열이 출렁 출렁거리더니
모란 송이처럼 함지박 눈웃음으로
오는 발길 내내 묶어 두더니
수평선 쪽빛 이야기 속살거리며
가는 발길 희망차게 굴리게 하더니
제발 날 잊지 말아 달라며
자꾸만 손사래 치고 있었다
어디 하루 이틀이야 말이지

2
짙푸름이 포르스럼 붉으스럼되더니
서서히 곰삭은 진달래의 속삭임으로
비바람이 누차 지나가더니
넘실대던 청춘은 간 곳이 없고
고요히 꼼짝달싹 쥐 죽은 듯이
온 육신 움켜잡고 있으니
쉬이 쉬
떠들지 말거래이
꽃잎 하나라도 떨어질세랴
오늘도 예사롭게 지나치지 못하는

눈에 밟히는 내 이명의
황야에서 너는

3
늦가을 저녁 어스름 길목에서도
초겨울 설렁한 귀가 길에서도
그 꽃잎 그대로 단풍이 물드는구나
꽃이 시들면 다 지는 게 아닌가
붉은 청춘 황홀하던 오동도의 동백꽃도
붉은 영혼 가지런히 포개면서
살며시 떨어져 귀향하고 있는데
너는 왜 어이하여
세상의 미련 떨치지 못하고
아직도
낙화하는 황혼 걸치지 못하는구나
봄이 오면 아해야
한 떨기 수국들의 향연을 위해
뜰 안채에 심어 두지 않으련

물살의 동행

한 번 가면 되돌아올 줄 모르는
물살의 동행이 된다
배 위에서 바라보는
소리 없는 흐느낌과 스산한 나부낌
낙동강 따라 물 따라
더러는 멈추는 듯
도도히 흘러가는 듯
자꾸만 눈길이 멈추는
구릉지대 여울지는 살물결 위
무엇에 쫓긴 듯 흘러만 가는
모든 산기슭 산 그림자들에
서로 품어 주며
다 함께 살아가라는
속내 가득 찬 풍요로움의 질주
저기 저
배려의 돛단배는
내 절인 맘 열리게 한다
넘실대는 꽃향기
그대 손짓하는 설레임 속으로
살면서 훨훨 집시처럼
떠돌이 항해사의 인생이 된다

불일폭포

사는게 무료하면 불일폭포로 가라
콸콸 쏟아 붓는 산의 심장 소리
산바람 타고 고공하는 물보라
치켜 올려다보는 허공중의 유희
가던 발길 멈추고 만다
머리부터 발끝까지
줄기찬 폭포수의 청춘
순식간에 흘러가버린
인생을 야유하듯
신선의 늠름한 자태를 본다
깎아지른 듯 아슬한 비로봉
바위와 산봉우리 딱 붙어서
서로 기대며 허공에 매달려
험하게 다투는 듯 용솟음친다
울창한 대자연의 아찔한 전율
층층시하 푸른 소나무들
천 길 낭떠러지 샤워를 한다
가뭄의 그대 그리움
우레 같은 탄성을 꿀꺽
메마른 가슴 흠뻑 적신다
아아 대한민국의
네 박자소리
월드컵의 함성이 들려온다

신안 소금 한 자루

1
주문한 적 없는 쌀이 택배로 왔다기에
의아해하며 뒤척였더니
쌀이 아니라 소금이었다
받아 든 남편도 나도 놀랐다
어느 친구에게서 이런 선물이 부쳐져 왔더냐
목포 신안 앞바다의 싱그런 향기가 물씬
포대 자루 속에서 웅크리고 있었다
소금을 선물로 받은 친구들이 떠올라
소곤소곤 환한 웃음 덤으로 웃다가
자루를 푸는 순간 또 한 번 놀랐다
어쩌면 저토록 눈부신 결정체들인가
바닷물과 태양이 빚어낸 귀한 선물 앞에서
우리들은 너무 행복한 마음들이다

2
굵은 소금은 원래 잿빛이 아니더냐
하이얗게 빛나는 살결이라니
한 톨도 흘릴 수 없었다
미역 한 번 치대니 뽀드드득
오이껍질 돌리니 상큼 껍질째 냠냠
모든 국물 속에 빠져서는 아이 시원해

신토불이 진국을 우려내고 있었다
이보다 귀한 선물이 어디 있으랴
한 바가지씩 펴 가던 딸이
오늘도 또 퍼가고 있으니
하루하루를 살아가는데
너를 내내 만지게 되니
이토록 귀한 남해 바다의 진수
나무 주걱으로 냄비에다 볶았더니
신안 볶은 소금으로의 탄생이 구수하구나
우리들 메마른 가슴팍에서
날마다 사랑을 마시게 하고 있다
내 귓전에다 대고 속삭인다
저린 삶 위에 뿌려서
뽀오얗게 빛나는
새 삶을 살아가라고

베개

마음이 울적할 땐 얼굴을 파묻고
엄마 품이 그리워 네게 안기었지
마음이 즐거울 땐 내 품에 껴안고
하늘을 날듯이 붕붕 뛰었지
곁에 있을 땐 몰랐었지
피안의 안식처였음을
너를 떠난 행선지는
어쩐지 불안하고
무언가 어색하고
숨죽여 끌어안고픈
너는 나의 반쪽이었지
망망한 하늘아래
밀려와서 쓸려가는
낯선 파도 소리
잠 못 이루는
문패의 하품이었지

죽비

어머님 살으실 때 효 선물로
온몸 통증 달래던 그 죽비가
남편을 안마하려니
좀 세게 내리쳐진다
날 안마 할 때는
달래면서 위로받고 있다
딸을 안마 할 때는
사랑으로 쓰다듬고 있다
손주 녀석들 눕혀 놓고선
내 가슴팍 밀어로 속살거린다
고운 감정으로 두드리는 것과
미운 감정으로 뚜드리는 것의
차이점은 강약조절인데
내 손끝의 농도가
희한하게 척척 알아서
머릿속이 텅 비어도
펄럭이는 하늘 끝 구름이려니
꽃잎에 앉은 이슬이려니
뇌수 속을 헤엄치는 파도
감성의 북소리

그 북채로구나

청량산 청량사

어디 한 번 불러보게나
때 묻지 않은 청정의 이름이다
산속의 심장 소리 들린다
높고 크지는 않아도
산세가 수려하다
자세히 보지 않아도
네 모두가 다 보인다
청량사를 꽃술 삼아 마치
연꽃의 형상으로
쫘악 펴져 있다
산바람 타고
산 아래를 굽어보니
구름이 와서 산문을 여닫는다
아슬아슬 금탑봉 허리를 거쳐
구름들이 노니는 청량산 정상
휘영청 신선들의 놀이터까지
꽃청산의 산 그림자들 좀 보게나
신록 빛 산들의 가르침 속에서
어차피 외길 인생
떠돌다 가야하는
청량산 가슴 가득
청량산에 잦아든다

때는 가을

가을의 찬 기운이 피부로 스며든다
시간을 내서라도 어디론가 떠나자
눈부시게 파란 하늘 아래
구름 따라 야생의 길을 떠나자
햇살을 등지지 말고 그대로 받으면서
산바람 타고 창공을 휘저으면서
내가 네 숨결이 되도록
황금빛 태양 아래 입맛을 다시자
바람에 이리저리 날릴
낙엽들을 전송하려
잔잔한 미소로 떠나보내는
번쩍이는 호수이거나
노래하는 강물이거나
바삭바삭 부서지는
갈색 형제들의 詩人
그 침묵들의 반란을
너는 아느냐
낯선 곳의
싱그러움을
낯선 사람들의
정겨움을

오열

머나먼 은하의 긴 여정을
그렇게 훌쩍 떠나가 버린 사람
세상의 눈물 중에
가장 아픈 눈물
그것은
오빠의 영혼을 짓누르면서
고여 드는 뜨거움이었다
오빠의 심장을 후려치면서
녹아 흐르는 회한悔恨이었다
오빠의 숨결을 달래면서
흩날리는 눈보라였다
살며시 내리감은 눈매를
떠나보내는 항해였다
야속함을 허공에 띄어 보낸 채
바스라지는 물거품이었다
질식토록 울어 울어
스며드는 그리움이었다
끊을 수 없는 혈연의 정
무거운 침묵을 딛는 위로였다
언제나 네 곁을 지켜주면서
돌아서는 베풂의 사랑이었다

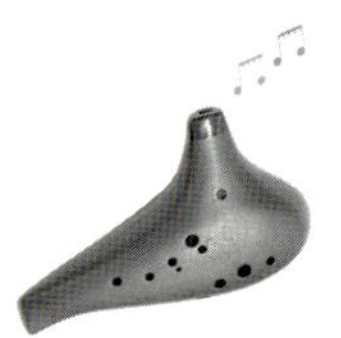

제2부
천상의 선율

허브 오카리나 여인들

나의 형상에 와 닿는 천상의 선율 속으로
허브향의 낯선 꽃을 따러 와서는
자신이 한 떨기 꽃이 되어 되돌아간다

나의 청각은 새소리와 물놀이에 머문다
나의 시각은 온통 사랑의 빛깔에 물든다
나의 감각은 너를 품은 아리오*의 물새가 된다
여전히 흥얼거리며 다가서는 희망이 된다
나의 솜씨는 그녀들의 미각을 촉진시키고
시든 꽃을 피어나게 하는 마술을 배운다
오늘도 허브 오카리나 머물다 보면
마음의 상처는 간 곳이 없고
기름진 텃밭의 새싹이 된다
서로 마주보며 어깨 들썩거린다
청각 속에 노닐다간 우정의 토끼가
시종일간 삶 속에서
떠날 줄을 모른다
그들 눈망울 속에서 빛나는
웃음과 재치 모두는

나의 이모작 인생의 들판에
민들레 홀씨가 된다.

* 아리오 曲 : 노래 이안, 편곡 김병기

운문산방으로의 귀가

밀양 재약산 능선 운문산방
십 년을 하루 같이 가꾸던 뜰 안 풍경
산 안개 휘젓고 다니던 그 사람
달빛이 눈 산에 미끄러지던 곳
조팝나무 문지기 눈사래 치고
명자화 옥매 손짓하더니
삐쭉 입술 내미는 철쭉 길 돌담길
금낭화 주머니 아롱다롱 거려
도란도란 거리던 산자락의 하품소리
차곡차곡 채마밭 탐스럽던 수확
상치 고추 호박잎 배부르던 쌈 밥상
산장 시인의 너털웃음
귓가에 쟁쟁한데
이젠 저무는 산 빛만이 쓸쓸히
빗살무늬 천장에 하늘 한 번 옮겨 놓고
왕눈이별을 베고 뒤척이더니
지저귀는 산새의 울음소리에
여생이 묻어간
그 남자의 향기는

아직도

금곡역 하차

마음이 답답할 땐
금곡역에 하차하라
타악 트인 낙동강 물줄기
강바람에 의지하라
끝없이 펼쳐진 들판사이
말없이 챙겨주는 위안이 되라
쪽배에 몸을 싣고서
마냥 실려서 가라
실바람 타고서 두루뭉술
나그네 구름이 되라

물그림자 질척대는 소리
얼룩진 상처 어루만져라
하늘가엔 산 안개 피어오르니
구김살 피면서 훑어가라
어제의 미운 생각이
고운 생각으로 미소 지어라
진녹색 향기 물씬 품었으니
진한 사랑으로 넘실거리거라

혼자 사는 그녀

기도만이 그녀의 친구다
기도 속에서 잠들고 기도로 아침을 맞는다
기도하며 웃고 기도하다 친구를 사귄다
기도로 외로움을 달랜다
기도 속에서 평화를 꿈꾼다
오직 기도만 하는 그녀를 본다
아들 하나 있어도 늘 혼자다
직장을 핑계로 장가도 가지 않는 자식
저 멀리 두고서 바라볼 수도 없다
열 평 남짓 텃밭이 그녀의 자식 같다
상치 부추 쪽파 고추 호박이 나뒹군다
맛깔난 쪽파 김치 인정을 나누던 날
부지런히 길러 이웃과 나누는
해맑은 미소 속에 빛나는 얼굴을 보았다
거실에 들어서는 순간 깔끔한 살림살이들
색실로 수 놓여진 자기만의 커튼들
아기자기 밥상보와 탁자보 화장대 위의 솜씨방
코바늘로 세련된 삶의 지혜가 드리워져 있었다
긴 고독의 세월이 한 올 한 올 엮어져 있었다
벽과 벽을 지나 방과 방 사이
조용한 먼지만이 잠들고 있었고
한숨 소리에도 전혀 반응하지 않는
조용한 기도만이 채워져 있었다

백담에서 만난 노시인

1
'해' 라는 묵직한 까아만 시집에
성찬경 시인의 싸인을 받고서
뛸 듯이 기쁜 마음이었다
세상에 하나뿐인 멋진 시집
노시인은 너무 건강해 보였다
아마도 자신이 꿈꾸는 책을 만들어
나날이 기쁨 속에 머물기 때문이리라
나이 팔순에 강원도 산골까지
온화한 모습 속에 피어오르는 명강의
'해' 를 펼쳐든 순간
내 심장은 쿵쾅거렸다
수많은 미사여구가 범람하는
시집들의 세상
노시인은 아무런 말이 필요 없었다

2
한 글자 다음 페이지도 역시 한 글자뿐
온통 뽀오얀 백지 시집
첨벙 여백의 바다에 침몰하였다
초등학교 일 학년이 또박또박 읽는다
한 장 한 장 넘기면서 화알짝 웃고 있다

내 품에 안겨 온 노시인의 시집은
오늘도 내 가까이에서
무수한 속삭임을 전하고 있다
밀핵시론密核詩論에 착안하여
우리말 시어에 탄력을 주는 시도
해, 달, 별, 빛, 밤, 낮, 땅, 꿈, 쌀, 초, 똥, 눈, 봄, 맘, 길, 피.....
세종대왕님이 웃고 계신다
난 시어를 난발한 부끄러움에
한동안 고개를 숙이고 다녔다
한동안 시를 쓸 수 없었다

다 잊어버리련다

첫 사랑의 두근거림도
짝사랑의 설레임도
스승님의 배려도
남친의 친절도
동료의 고백도
이성의 눈빛도
낯선 이의 치근거림도
여친의 매력도
첫 키스의 거칠음도
거울 속의 내 모습도
탁탁 딱분으로 두들겨 팼다
다 잊어버리련다

꿈같은 세월만 흘러갔다
아침 햇살에 사르르륵
사라져버리는
진줏빛 이슬인 양
황혼에 길따라
그림자를 밟는다
다 잊어버리련다

초량동과 수정동 산허리길

중앙공원 충혼탑에서부터
성지마을을 거쳐 안창마을까지
도심의 산허리를 관통하면서
난생처음 새처럼 날아가는구나
걷기 대회 같은 나지막한 산행길
해풍과 삼림욕 한꺼번에 쏘이는구나
소나무와 삼나무 참나무 숲 사이로
꼬불꼬불 오솔길이 거미줄 같구나
부산항이 훤히 내려다보이더니
북항이 가까이서 펼쳐지는구나
구봉산을 거쳐 엄광산 정상으로
낑낑대며 올라가는 사람들
산허리 길로 쉬어가는 사람들
명상하며 산책하는 특혜로구나
이렇게 그 모두를 포용하면서
침묵과 관용을 베푸는 산허리 길
편안한 숲길 사이 해풍도 쏘이며
좋은 풍광 속 일지를 쓰면서
훨훨 가벼운 나비 같구나

원시 젖가슴 부드러운 숲길을
차마 모르고 살다 갈 뻔 했구나

남이섬의 아해들

오월의 신록이 그림처럼 스쳐 간다
북한강을 넘나드는 찰나의 나룻배
막대사탕 입에 물고 웃는다
남이섬의 아해들이 되어
맘 설레이며 살며시 한 발짝씩
사방이 술렁술렁거린다
연초록 잎새들의 운무
강바람에 반짝거림을 본다

쭉쭉 뻗은 거목들 아래서니
한 줌 밖에 안 되는 존재
압도당하는 침묵의 가르침
메타세콰이어 깍지 낀 숨결 사이로
냉큼 단숨에 치닫는다

양팔 펼치면서 흠뻑 들이키니
강바람 타고 두리둥실 나부끼는 삶
홍송들 무르익어 배배 꼬여 있고
연리지는 연리지를 잉태하고 있고
열댓 가족이 딱 붙어 헤어지지 않는다

대자연의 무궁한 신비 앞에서

할 말을 잃고 서 있는
삶에 열중한 사람들아
달밤의 남이섬보다
별밤의 남이섬보다
새벽안개 걷어 올리는
물안개 피어오르는 남이섬에 와서
하루쯤 쉬어 간들 어떠하리오

거제 노자산 겨울산행

엄동설한에도 고국산천의 탐방은 계속되었지
사십 여명이 똘똘 뭉친 오백고지 겨울 산행
거친 바람이 쌩쌩 몰려오고 있어도
거제 자연 휴양림의 입김은 훈훈하였지
낙엽 수북한 산길은 부드러운 흙길인데
어느새 예순을 다 넘긴 지팡이들 짓누르며
끵끵대는 발길들 서로를 밀어 올렸지
강풍에 떠밀려가듯 구르면서 다가서는데
늙지 않고 오래 사는 신선이 된 노자산이라
희귀조인 팔색조가 살고 있는 노자산이라
바싹 마른 숲과 숲의 핵심 속으로 한 참을
쭈욱 펼쳐지는 남해의 절경 다도해라
하염없이 유혹하는 깊은 배려의 바다색깔들
숨을 몰아쉬면서도 세찬 바람을 맞으면서도
마음은 들판의 풍요로움이었지
확 트인 다도해의 비경 앞에서
할 말을 잊고서 젖어드는데
바싹 마른 일상인 황혼의 한 시절이
이층 누각의 전망대 위에서
어서오라 어서오라 손짓하였지
동남쪽 학동 몽돌밭에서
바라보는 정상의 기암괴석도
어서가라 어서가라 손짓하였지

지금은 말 할 수 없어도

돌아서는 발길을 멈추게 하는
너무 강렬한 이별의 표시 앞에
나의 눈시울은 붉어졌다
환자인 아이의 이별의 손목회전이
진정 가식 없는 환희의 표시이면서
즐거운 비명의 극치이기에
오늘도 뇌수 속을 떠도는
내 별들의 고향이 되고 있다
저체온증으로 병원에 입원하던 날
링거 꽂힌 오른 손목 놀릴 수 없어
왼 손목 힘껏 꺾어 빠이빠이 하던 날
먼 거리를 하루도 거르지 않고 자꾸만
맛있는 음식을 먹여 주는 저 사람
나는 엄마라는 말 밖에 할 줄 몰라요
새콤달콤 귤은 꿀맛이고요
왕포도 알갱이도 배가 불러요
처음 보는 저 황금색 과일은 또 뭘까요
부드럽고 달그레함 참 맛이 좋아요
망고 막 힘이 솟아나고 있어요
얼른 큰 소리로 부르고 싶어요
할미 할미이 할매 할매에 할머니
지금은 말 할 수 없어도
난 이미 벌써 말하고 있어요

천상의 선율

1
저 푸른 초원 위 그림 같은 집을 짓고
남진의 노래가 스쳐 지나간다
울산 울주군 언양읍 평리
뿌리 깊게 펼쳐진 오룡 저수지
울타리로 주고받는 형제애 가득
서로 도닥이는 두터운 삶
아늑한 대지 위 그림 같은 집
유월의 녹음이 온통 마당으로 쏟아진다
앞산 산바람은 오룡 못의 은물결 타고
뜰에서나 거실에서도 기웃거린다
홍송들 우거진 노송아래 도란거리는데
하니가 짖어대니 로또가 대답하고
다롱이도 덩달아 깡총거린다

2
연산홍 철쭉 바위 틈새 할미꽃
손님 맞을 채비에 두루뭉술 모란 송이
강바람 들바람에 익어가는 고추밭
상치 부추 산초가지 한들거리고
주인이 부르면 알아서 척척
예지에 찬 주인의 눈빛을 닮았는지

꼬리 살살 흔들어대는 풍경 속으로
어린 새 한 마리 살며시 넘나든다
뒤 안에 스며든 그 파랑새가 또
앙증스런 방울소리 울리고 있다
자꾸만 눈이 가 사립문을 나선다
돌멩이 하나 풀 한 포기 나무 하나
어느 것 한가진들 소홀히 하였으랴
구슬땀 총총 맺힌 줄도 모르고
마냥 풀밭에 앉아 오후를 즐긴다
그대가 뿌려 놓은 씨앗의 호숫가
그대가 심어 놓은 사랑의 옹달샘
참으로 이런 곳에 살고지고
깨달았다 그 속에서
임과 함께 살아갈 날을
뚜벅뚜벅
평리의 사립문 두드릴 그날이여

피아골계곡

1
일찍이 한 하늘아래
울부짖음이 진동하고 있었다
엄청 줄기찬 물살이 씻겨지고 있었다
제 목숨 다 마치지 못한
젊은 영혼들의 합창소리
시린 물보라를 튕기고 있었다
땀 흘려 피아골 산장까지 올라가지 말아라
첨벙 청정수에 몸을 담그는 중늙은이들
무릎까지 빠진 촉수의 흔들림들
저 살랑대는 수풀에 가린 하늘 좀 보아라
몸도 마음도 철철 흘러가는 대로 좀 두어라

2
역사를 품고 구르고 굴러서 깎인 너럭바위들
그 틈새 나뒹굴며 뽐내는 조약돌들 좀 보아라
갖고 싶은 사랑 한 번 건져 보렴아
색깔도 가지가지 모양도 가지가지
마치 인간의 형색 같아라
시린 물에 손 담그고 만져 보다가
역사의 흐느낌에 몸을 사리면서
시퍼런 옥빛 물 온몸에 껴 얹으라

흐느껴 외치던 산울림이 여울진다
자유 찾아 투쟁하던
깨우침의 목소리들
그 이명에 풍덩 귀 기우려 보게나
살아서 맞아보는 물 폭포의 짜릿함
죽은 자도 말없이 흘러만 갔고
산 자도 말없이 흘러만 갔기에
되돌아보지 말고 육신을 내 맡겨라
탐욕에 저린 몸 몽땅 헹구어 보아라
과거도 현재도 다 함께 흘러가는
피아골계곡에 한 번 뒹굴어 보아라

행복한 도시철도

삭막한 도심의 지하철 난간
詩의 강물이 손짓하고 있다
미소 짓는 발길 멈추고 있다
약속시간 때맞추어 달려와서는
한 줄 두 줄 숨소리 고르고 있다
가까이 다가서서 엎드리면서
네 속삭임에 눈 맞추고 있다
뚜렷이 들려오는 계곡물소리
확실히 붙드는 유혹의 치맛자락
고요히 자신을 타이르고 있다
가슴 속의 바다에 밀려오는 향수
떠나가신 부모님을 그리워하고 있다
놓쳐버린 지하철 아쉬워할 때도
천천히 또 천천히 훑어가고 있다
흘러가버린 청춘을 되새기면서
혼자만의 물레를 자아내고 있다
어제는 고향바다의 일렁임이
오늘은 진솔한 삶의 깨달음이
충분히 행복한 도시철도
어차피 외길 인생
이별의 길목에 서서
오늘도 내일도 짧은
석별의 정 휘날리고 있다

그렇게 살아가야 하는가

마음에 사랑이 스며있지 않아
말에 따스함이 배여 있지 않아
참고 견디는 것도 무한정
그렇게 살아가야 하는가
배려라고는 조금도 없었을까
정말 행복하지 않았을까
예뻐 보이지 않았을까
착한 행동들 칭찬하면서
도란도란 애정의 꽃
피울 줄 몰랐을까
곁에 있을 땐 보물인 줄 모르다
떠나고 나서야 깨달았을까
하루 온종일 삼남매 돌보느라
발 동동거림이 보이지 않았을까
뒤늦게 후회한들 무슨 소용이랴
벌벌 떨면서 살아온 세월
이해할 수 없는 노동의 끝
그 끝을 감당할 수 없음에
탈출을 시도한 철부지
엄마 품에 안긴 꼬마인형 따라
소박한 꿈 찾아 흘러왔을까

숲 속으로

선암사에서 송광사까지

1
동서를 가로지르는 대장정의 산행이다
나무와 꽃만이 지천인 산속
선암사 숲길은 입구부터 제압한다
온통 신록 빛 침묵만이 흐르는
매력덩어리 그대의 품속이다
들이키지 않아도 진동하는 숲 향기
난생처음 확 풍기는 네 향기에 취해서
짙은 심장의 고동소리 듣는다
땅만 보고 걸어가다 하늘 한 번 쳐다보니
우람한 숲의 춤사위 하늘을 가려
보이지 않는 하늘 한 조각 애써 담는다

2
온몸을 덮치는 무수한 간지러움들
편백나무 숲 향기인지
홍매화 청매화 백매화 향기 화르르르
노송들 참나무 사이 길로
도토리 사르르르
땀범벅에 숨찬 가파른 돌산이나
몸이 둔한 나 자신과 지팡이와의 용맹정진
물소리 새소리 바람소리에 훈련되어

스르륵 도사처럼 흩날리고 있다
'새가 되어 날아갔다. 꽃을 그렸다' 는 연기
그 형상따라 수군대는 다비장 숲길에서
멍하니 빠져본다 훌쩍 스쳐 가버린 청춘에
금세 사그라져 버릴 황혼에 화들짝 놀라
광대 같은 인생길 닮은
내리막 험난한 길
끙끙대다 헛디디며
짓밟고 지나가다

노인과 손수레

1

노모의 유모차가 내 시선을 괴롭히더니만
저 노인과 손수레 또 눈에 밟히고 있다
젊은이들도 힘든 중량과의 저울질
키 높이 두 배 만큼
폐지와 박스를 쌓고 있다
가파른 도심의 차량사이로
곡예를 펼치는 저 노인 좀 보소
마치 자신이 손수레에 딸려서 가고 있다
하루 벌어 하루를 살아가는 사람들
노인과 손수레도 그 틈에 끼어
돈 한 푼 벌려는 떨리는 육신
순조롭게 나아가지 못할 것 같아도
생계수단의 손목엔 힘이 차있다
매일매일 땀 흘려 반복되는 삶 앞에
젊을 때의 미련을 떨쳐버리지 못해
하루에도 몇 번씩 좌절하고 있다

2

거친 황야에서 눈물을 마시고
쓴웃음 지으며 굴러가고 있다
자기 자식 키우기도 힘든 세상

부모 봉양 게으름 어디에 탓할쏘냐
그래도 움직일 수 있는 육신에
꿋꿋한 영혼으로 버틸 수 있고
손 내밀지 않고 살아갈 수 있고
돌아와 쉴 수 있는 안식도 있다
제 스스로 해결하는 수레바퀴
할 일 없다고 투덜되지 말아라
고달픈 노인과 손수레보라
핏줄에 흐르는 줄기찬 북소리
소리 없이 맹렬히 나아가고 있다

시들지 않는 꽃밭

계절이 바뀌어도
비가와도
바람이 불어도
시들어도 결코
시들지 않는 들꽃들이 있다
세상 시름 모두 잊고
그대들을 어루만지는
고운 손결이
끊임없이 멈추지 않고 있다
무더위에 선풍기를 켜 주며
함께 시원함을 나누는
들꽃 사랑의 마음이 있다
내내 충만한 단비를 뿌리면서
흥얼거리는 콧노래
때맞추어 춤을 추던
그 행복의 풀씨들이
詩의 전원에 달려와 앉아 있다
일평생 내내 눈웃음 속에
피어나고 있으니
다 시들어가도
결코 시들 수 없는
초애원의 꽃밭이 있다

제3부
문학 도시의 바다

절영도해변 둘레길

1

2월 중순에 눈바람이 분다
가벼운 산책길이 겨울산행 같아도
강풍에 와 닿는 해풍은 따사롭다
영선동해변에서 감지해변 태종대까지
해변 아래로 서서히 다가서는데
눈앞에 펼쳐진 저 풍요로움의 바다
마음껏 소리쳐도 다 받아주는 바다
상선 수십 척이 떠 있어도
점점이 수를 놓고 있는 바다
솔숲 사이 길로 올라서는데
태양에 반사된 은물결의 눈부심
쪽빛 바다는 수평선도 없다
대마도 해협을 다 쓸어오면서
원시파도의 너울을 부여잡고
시원의 찬가를 부르고 있다

2

바다 한 번 바라보고 계단 한 번 오르고
오르락내리락 영선동 해변 길
하늘은 바라볼 여유도 없이
성난 야수처럼 몰려오는 파도는

이국적인 정취를 물씬 풍긴다
한참을 걷다 보니 땀이 나는 듯
겉옷을 벗어들고 죽마고우 손짓하니
해풍은 훨훨 땀을 식힌다
너를 몽땅 품에 안고 흠뻑 들이키니
하늘과 맞닿은 수평선 아래
아이시절 깔깔대던
그 세월을 되새김한다
지금이 그 때인 듯
쪽빛 바다는 여전히 그대로다
날아오르는 갈매기 떼들도
저 폭넓은 바다의 품속으로
잊혀 지지 않는 내 삶의 놀이터로
시시각각 푸른 수채화를 그려 놓더니
어느새 몽돌의 감지해변에 와 닿는다

3
동그스럼 납작한 몽돌 하나 줍는데
쓰르르륵 싸르르륵 저 찬란한 몽돌의
피아노 건반을 일제히 뚜드리는데
아바메들리*의 육감적 선율이
전신을 훑어 지나간다

그 무슨 음향이 이보다 더 찬란하리
맨발의 세월은 부표 위에 낯설고
넘실대는 파도 아래는 바다 냉장고가
해삼 돌멍게 성게 피조개들의 보물창고
소주 한 잔에 초고추장 찍어
서로 먹여 주는 저 찰진 웃음소리들
파도소리 안주 삼아 다 풀어놓는다
평생토록 잊지 못해 안달이 난 응시
내 살아가는 동안 귀 쫑긋 세우며
언제나 내 곁을 지켜주는 파도야
너는 영원한 나의 동반자
네 몽돌의 젖가슴 만지작거리며
고향바다의 감성을 일깨우면서
오늘도 잉태하고 있다

문학도시의 바다를

* 아바메들리 : 스웨덴 팝그룹의 음악

문학 도시의 바다

삶을 재조명하면서 쉬어가라는 바다
과거와 현재와 미래를 재창조하는
저 돈독한 짙푸르름 속으로
마음이 답답한 사람들아 모여라

바다의 파도소리는
못 잊는 너의 노래소리이다
바다의 색감은
용트림하는 팔색조이다
바다의 모래사장은
연인들의 샘솟는 추억이다
바다의 낭만은
그대와 마시는 차 한 잔의 여유이다
바다의 풍경은
삶을 재조명하는 거울이다
바다의 밤은
침잠하는 두레박이다
바다의 가르침은
아무런 말이 필요 없는 용서이다
마주앉은 그대의 눈동자 속에 잠긴 바다는
서로 다독이며 어려움을 견뎌내자는
희망의 엽서이다

독도
-경북 울릉군 울릉읍 독도리 산31번지

동해바다의 시작과 끝이
하늘에 닿아
저 금빛 햇살 아래
멈추지 않는 휴식
엎드려 우릴 지켜보는 동쪽 섬
태극기 휘날리며 망을 보는 서쪽 섬
물안개 실루엣이 걷히는 순간
신이 내린 완벽한 창작물
얼굴 후려치며 끝도 없이 치닫는 파도여
비바람에 할퀴어도 포말에 씻기어도
펄떡이는 살아 있음의 고향 냄새여
쪽빛 새색시 치마폭에 휘감기어
혼절하는 황혼에 드러누워
임을 기다리는 천千의 얼굴
제 정열 하나 지키려고
제 몸뚱이 하나 지키려고
아무도 넘보지 못하도록
대한민국의 네 박자 소리에
부딪히며 포옹하는
파도의 함성
비릿한 항구의 문패
하이얗게 치대고 있다

월전바다

입으로는 장어구이를
눈으로는 갈매기 하늘을
가슴으로는 파도의 몸부림을
설겅설겅 장난치는 줄 알았더니
우렁차게 달려와서는
한 치의 양보도 없이
매몰차게 후려치는
태산 같은
파도의 울음을 본다
짙푸른 설움을
고래 등에 이고지고
맨발로 달려온
저 황야의
하얀 종아리를 본다
서로 쫓고 쫓기며
순간에도 죽고
낱낱이 부서져 흩어지며
한순간이 와르르 무너지더니
죽어서도
다시금 탄생하는
시퍼런 파도의 본성을 본다

파도야 너는

1
훌훌 옷을 벗고 밀물 쳐 오고 있다
힘차게 달려와서는
잠시도 더 머물지 말라고
정일랑 두지 말라고
미련 없이 떠나고 있다
유년 시절 귓전에 속삭이더니
여전히 내 가슴 설레이고 있다
점점 배우가 되어가고 있는 사람들에게
모래 위에 얼룩진 삶
말끔히 씻어내고 있다
방파제를 후려치며
산산이 부서진 포말이 되면서
시작도 끝이고
끝도 시작이라 말하고 있다
소리 없이 달려와서는
네 모두를 다 쏟아 붓고
밀려서 떠나가면서도
눈웃음치고 있다

2
비바람 몰아치는
독한 술 한 잔에도

흩날리는 미소로
그리움을 취하고 있다
한 번 가면 되돌아올 줄 모르는
저 끝없는 영혼을 품고
모든 시름 껴안고
홀로 떠나고 있다
울부짖는 고동소리에도
뱃머리를 떠밀며
무작정 나아가고 있는
네 넓은 포용력은
어머니 가슴 속
희망열차이다

통영바다

어디로든 남녘바다 훠어이 훠어이
사무친 그리움 찾으려

파아란 하늘을 안고
삼삼한 남녘바다 품에 안으려

두툼한 동백 핀 남망산에 걸터앉아
통영 앞바다 거북선에 시위 한번 당기려

초정 시비 앞에 두 손을 모으니
떨어진 꽃잎에도 가슴이 떨리려

산바람 갯바람에 꽃 핀 연분홍 이명에 빠져
공원 숲길 거닐며 詩의 현에 불을 당기려

청마의 빨간 우체통 앞에서
그리운 사람에게 엽서 한 장 부치려

청정으로 에워싼 청솔의 출렁임 마주보며
정다운 사람과 오순도순 함께 하려

통영 시장에 앉아 삼천포 멸치 회와
입씨름하는 멍게의 진미를 맛보려

쑥 도다리탕에 지글지글 돌아눕는 꼼장어
찰랑대는 인연 술 한 잔 부딪치려

해조음에 실려만 가는
남해의 숨결 앞에 서 보려

내 눈빛 훔치던 그대의 눈길도
잊혀 지지 않는
사랑의 미련도 잊으려

켜켜이 드리워진 인생의 장막을
통영 앞바다에 풀어헤쳐 출렁이며 치대려

빈손으로 떠나갈 서글픈 쫓김 앞에
상처 난 마음 물안개 등에 흩날리려

마을 어귀마다 움트는 예술혼의 거리
마주치는 눈동자에 들어가 보려

사랑과 꿈을 더욱 맑게 하는
살고 싶은 통영에 살고지고

물안개의 바다

물안개 피어오르던 날
하루는 동백섬을 휘감아 돌아
지리산 천왕봉을 만들어 놓더니
오늘은 이기대 해안 절벽 얼싸안고
보쌈의 바다 위
어머니 치마폭에 싸여
하얀 속살로 널 껴안으며
소리죽여 기웃거린다

그렇게 아무도 없는 무인도에
날 유배시켜 놓은 듯
세상은 온통 우윳빛 환상 속
산도 바다도 하늘도
보고 싶은 사람도
보기 싫은 사람도
두루뭉술 뽀오얗게 감싸며
심해의 골짜기로 사라진다

물안개 등에 업혀 둥둥
떠나가야만 하는 신선이 되어
끝없이 밀려왔다 쓸려서 가는
해풍마저 잔잔한 살물결

파도의 몸부림마저 잠재웠는지
양팔 가득 하염없이 펼치며
자욱한 세상밖엔 고요만이
너와 나를 갈라놓고서
어서 다가오라 유혹을 한다

간절곶의 바다

너는 펄럭이는 하늘 끝에서
그냥 바다가 아니었다
바위를 때리는 포말은
내 어릴 적 시퍼런 감성의 파도
그 원초적 바다였다
우우우 젊은 광채가
하염없이 밀물 쳐 오는
詩의 바다였다
등대도 바다 속에 파묻혀
훨훨 비상하며 날아오르는
한 마리 새가 되어
소낙비와 우레를 토해내는
진통의 바다였다
해풍에 흩날리는 머리카락 사이로
치닫는 삶의 걸망 옷자락 사이로
가쁜 호흡과 심장의 고동소리
몽땅 내 맡기는
포옹의 바다였다
조용히 끓는 태양을
무릎 꿇어 퍼 담는
사랑의 바다였다
무더위도 다 가고 지금은 동짓달인데

한여름의 기류가 폐 속으로
말끔히 부서져 쏟아지는
품속의 바다였다
땅 위에선 낮과 밤이 둥둥둥
서로 쫓고 쫓기는 싸움의 북소리
새 아침 새로 태어나려는
탄생의 바다였다

송도 거북섬 집결

1
해풍에 젖는 추억 길
단숨에 달려가는데 낯설다
살면서 뭐가 그리 바빴는지
근 사십 년 만의 발걸음이다
그 옛날 케이블카도 사라지고
아기자기 집들도 사람들도 없고
납작 엎드린 거북섬만 앉아 있다
널따란 모래사장도 다 쓸려갔는지
왠지 작아지고 어색한 송도바다에 서서
한참을 휘둥거리다
가수 현인의 동상 앞에서
어설픈 자태를 취해본다

2
송도에서 혈청소를 지나 암남공원까지
그것도 해변과 팔짱을 나란히 끼고서
저 바다를 몽땅 품에 안고서
추억과 사랑을 들추라 한다
산 중턱에서 내려다보는
신비한 원시 암벽들과 파도를 본다
세월 따라 얼룩진 지층의 상처인지
그 무슨 색감이 저토록 켜켜이

해안 절벽들 성큼성큼 다가온다
아슬아슬 절벽 위 걸터앉아
위험을 감수한 채 담력을 휘두르는
낚시꾼들의 희망찬 바다 마루
태양에 반사된 눈부신 물결의 대서사시
일렁이며 펼쳐지는 기다림과 행복이
찬연한 진줏빛 한나절이
낚싯대에 드리워진다

3
파도의 숨소리 네 향기에 취해서
널 흠뻑 들이키며 나를 내뱉는다
해풍에 휘날리는 옷깃사이로
너울너울 갈매기 떼 쉬어가고
정박한 배들도 게으름을 피운다
유유히 기다리는 삶의 여유를 본다
바다 가득 녹아든 서정의 만찬에
김치 하나만으로도 꿀맛인 밥상이다
배부른 동심들 해맑게 씻겨지고
바다의 밀어와 해풍의 속삭임에
풍만한 가슴결 수채화의 웃음소리
행복도 함께 실려서 가는
송도해안 볼레길은
천상의 선율이다

영월루 포구

진녹색 물결은
머리를 감으며 청초하게 밀려온다
기다림에 지친 그리움은
가을을 마셔버린다
저 살물결 사이사이로
어디 한번 네 모습 그려나 볼까
황포돛단배에 어리둥절 실려서 간다
내 몸을 순환하며 스치던 청춘이
쑤욱 산 그림자 속으로 빠져나간다
스르르르 조심스레 실눈을 뜨며
눈을 감았다 지그시 떠본다
물구나무선 세상을 훔쳐보며
푸른 용기를 가득 채우며
낯선 여행객이 된 채
아무 말 없이 흘러가는 대로
물에 어린 소중한
그대를 느끼면서
잊어버린 꿈을 만날 수 있다면
그렇게 하염없이 무작정 흘러흘러
세상의 먼지를 씻어버리는
그 옛날 포구에서
영월루까지

영일만의 바다

구룡포 원시파도는
또 다른 나를 움켜잡은 듯
재빠르게 달음질쳐온다
시린 청동의 눈빛을 닮았는지
영원히 사라지지 않을
기나긴 순례자의 파도소리 들린다
이리저리 시달리던 날 꼭 껴안고
아무도 다가서지 못하게 한다
내 가슴팍으로 치닫는
눈부신 유혹 아직도
지치지 않고 향하고 있는 그대
저 원시의 파도를 마신다
과메기 덕장 사이사이
웅성거리는 세상과는 거리가 멀다
원시 바다의 말씀들이
호미곶 청동의 무등을 타고서
전혀 시들지 않고
썩지 않을 거부할 수 없는
열정의 그대 몸짓으로
허공중에 매달려
우우후 밀려서 떠다닌다
날 혼절시키며 피어오르는 석양 또한
젊은 광채로 일어선다

까치놀의 바다

뿌우연 바다는 해풍에 절여
여름 바다는 웃음을 잃은 채
찌푸른 하늘과 바다 사이로
갑자기 휘몰아치는 폭풍전야인가
희뿌연 물안개 속으로
아무런 예고도 없이
곤두박질치는 바다의 절규를 본다

바다의 때깔만 볼 줄 알았지
온몸으로 말하고 있는 바다를 보았는가
수없이 밀려오는 저 날개 짓의 파도
저게 까치놀이야
어리둥절한 바다의 상차림 앞에서
입을 다물지 못하고 서서
어떻게 살아가야하는 고뇌와
뭘 먹고 살아가야 하는 고뇌의
진한 서러움이 우울증에 핑계를 대고
소중한 목숨을 내동댕이쳤다는
뉴스 한 켠 튀밥 같은 인생사
신발 가지런히 실종된 아버지
진혼곡의 나비가 되어
사랑도 눈물도 훨훨 망상이어라

분노하는 바다의 본성을 본다
전쟁터를 연상하는 파도의 아우성
반성하라 또 반성하라
동방예의지국의 훈계를 듣는다
수 없이 충고하는
까치놀의 형상
물 위에서나 물속에서나
깨끗이 씻기어 살아가라고 한다

소매물도의 파장

스치는 하늘과 맞닿은 구름의 항해
순풍의 돛으로 떠나고 있다
하염없이 떠밀려가는
詩와 사랑의 소매물도
수평선 가까이 한 마리 물새 되어
망망대해로 실려서 간다
거친 바다를 잠재우고 어제의 나를 묻고
내일을 여과시키는 살물결
갯바람 정적을 실은
바람개비의 침묵 사이로
팔짱을 낀 그대를 본다
세상에 태어나서 바다 깊숙이
사공이 없는 나룻배가 된다
잠시 거쳐 갈 여인숙은 바다 기슭에 두고
파도의 심장사이로 날 투영시킨다
온 육신을 휘감는 파장과
새로 잉태되는 파장의 나래
삶과 죽음이 그네를 타는
숨 가쁜 일상이 흘러만 간다
마음대로 생각대로 안 되는
생의 굴레 속
내일을 투망하는
희망 한 줌 걸러낸다

가덕도 앞바다

신항만 건설의 뱃고동 아래
포크레인 함성으로 채워지는 바다
소풍 나온 도다리 떼 침잠해버린다
쉴 새 없이 흘러흘러
생명을 잉태해야 하는
둥둥 떠가던 찬연한 물결 위
홀연히 봉변을 당하는
생성과 소멸의 파도소리
추락하며 몸서리치는 바다
한숨 쉬며 벗어던지는
해녀의 휘파람소리
뱃전을 두드리던
만선의 기쁨은 어느덧 사라져
텅 빈 허공 속에
하품하는 뱃머리
빛바랜 어부의 청춘
부의 아래 쓸려만 가고
삶이 빗겨간 뱃머리에서
자식 사랑 뒤집어쓴 전복 해삼 멍게
굴 소라 파래 미역이 두 눈 가득
짭짤했던 귀항이
부초처럼 떠다닌다

거제도 갈곶리 바다

우리가 할 말들이 가득 잠자고 있는
세 봉우리 신비한 거제도 갈곶리
한 떨기 연꽃 같은 풍채 좀 보게나
수 천 년 풍상에 끄떡도 않고
꼭대기 노송들 좀 보게나
침묵의 바다 아지랑이 사이로
아롱지며 살랑대는 청정의 빛살들 좀 보게나
구름을 베개 삼고 벗은 저대로의 속살 좀 보게나
산자락을 폭 에워싸고
하늘까지 동행하는 속삭임 좀 보게나
살물결에 부리 비벼대며 자맥질하는
엎치락뒤치락 저 물새 좀 보게나
해풍에 둥둥 해초에 둥둥
부표들 손짓하는 저 춤사위 좀 보게나
손에 감돌던 물살의 촉감
청춘의 꿈들 좀 건져 보게나
묵묵히 그대 곁에 다가서던 동요
내 맘속에 그대가 스며드는 것 좀 보게나
남해 바다에 눈부신 나신을 드러낸 채
저토록 짙푸른 아리랑의 혼 좀 보게나
오늘도 내 가슴에 일렁이는 갈곶리

사랑아 네게 안기는 꼴 좀 보게나

감포바다에 와서

억겁의 세월 동안
내뱉은 심장박동소리
바다 깊숙이 맞비비며
드높은 파도에 쓸려 가는데
해풍도 거짓말처럼
물새 등에 훨훨 매달려간다
거품을 일으키는 고래의 정열로
시각과 청각을 흥분시키며
미친 듯 나를 훑고 간다
거부할 수 없는 그대의 난타에
머리부터 발끝까지
가던 발길 묶어 놓고
제가끔 훌쩍 떠나버린다
네 심장이 내 심장에 박혀서
가슴 시리운 그리움
방파제에 부딪혀
돌아오는 파도에
흰머리 빗기며
동해안 감포바다에 와서
오장육부를 씻고 간다

삼천포바다

연육교 아래 화사한 봄 물결은
잔잔한 그대의 미소였다

흔들림 없는 그대가
인화지속에 숨어 있다가
내 뿜는 은빛 유혹은
눈부신 그대의 배려였다

신록 우거진 섬과 섬들 사이
얽히고설킨 그대의 애무였다

뜬구름 베개 삼아 적시는 저녁놀
무상함 그대의 침묵이었다

이렇듯 나의 삶은 물결로 태어나
어와 둥둥 그대의 자장가였다

끝없는 수평선에 당기는 시위
애 끓는 사랑의 종착역이었다

제4부

내 가슴 속의 바다

섬에 내리는 비를 맞으며

다가서 보아라
아무리 둘러봐도 경계가 없다
텅 빈 섬엔 하늘과 바다뿐
비는 하늘에서 내리는데
섬에 내리는 비는
하늘과 바다와 산 숲을
하얗게 뿜어 올리면서
쏴아악 휘감고 있다
치솟던 파도도 감추며
살아가면서 맺은 그 숱한 인연도
콩신발 가슴에 안았던
너와 나의 청춘도
흠뻑 빗속에 저 물안개 속에
흔적도 없이 사라져간다
내 핏줄에 흘러내리는 벌거숭이
잠시 피었다 사라져가는
물안개 등에 태워져
너를 꿈꾸는 진주를 싹 틔우다
너를 벗어 나 살 수 있는지
반백의 세월을 돌아온
소리 없는 그리움에
망각의 가지를 친다

섬에 내리는 비를 맞으며

고향바다의 아버지

온갖 생성의 바다를 향하여
헤엄치며 떠나가던 용기의 가르침
검푸른 파도와 부딪히며 누워서
여유와 순발력이 넘치시던 웃음소리
기쁨도 슬픔도 모두 무엇이든 다 된다며
가슴팍에 용기를 심어주셨다
물결은 짙푸르고 바람은 싱그러워
벌거숭이 아우들과 깔깔대던
그 바다를 한 움큼씩 품에 안았었다
희망만이 일렁이던 그리운 입김들아
그 환한 웃음들아
잊혀지지 않는 얼굴들아
우두커니 고향바다 생각만 하면
불끈 힘이 샘솟는다
내 청춘 끓는 피 간 곳 없어도
삶의 고비는 언제나 네 곁에서 쉬어간다
끝없이 물든 선창가의 파도소리
상쾌한 갯바람 타고
마구 치닫던 풋풋한 아이시절
그 서정의 밀어들이
내 볼과 목을 한없이
늘상 애무하면서
날 채워주는
저력의 옹달샘이 된다

새지리의 울음소리

1
난생처음 바라보는
새지리의 날갯짓
그 울음소리는 파도를 삼킨다
갈매기 노닐던 이기대 바다
쪽빛 치마폭 휘저으며
성큼 울어대던 큰 새
펴얼펄 푸른 비행에
넋이 빼앗기는 순간
사촌 언니의 꽃상여가 스쳐간다
학창 시절의 상큼한 기억들이
성악가의 꿈을 펼치지도 못한 채
홀연히 떠나버린
청춘의 야속함이
씻지 못하고
잊지 못하고
잊혀 지지 않는
밤마다 나의 가슴
빈 배로 울먹거린다

2
새지리가 남긴

하얀 물거품의 의미로
얼룩진 슬픔을 흩날리는데
한 참을 머리 위서 훑다가
소나무 숲길 건너 동백 숲 속으로
너풀거리면서 사라지는 환생
열 개의 솟대 위 염원의 기도
평생 한 번 볼까 말까한 순간포착
짙푸른 아름다운 비행이
내 눈앞에서 성큼성큼
창공 속으로
사랑하는 사람들
자취도 없이 사라지는
안개 자욱한 고해의 바다에
스치는 빗방울에 웃고 있는 데이지 꽃
아름다운 목소리 언니의 노래가
내 발걸음을 가볍게 한다

남은 인생을 사랑하라 한다

자갈치 앞바다

1
내 어릴적 기억 속에 머무는
방파제 너머 잿빛 파도가 용솟음치던 항구
고기 상자들 넘쳐나는 비린 냄새에
끝없이 재잘대던 갈매기 떼
날갯짓을 뱃머리로 기울이고
온종일 바위섬에 치근대던
야생의 울음소리들
물살에 휘젓던 통통배 남항포구
삶의 소용돌이 넘실대는 자갈치
오이소 보이소 사이소
여전히 갯바람 치근덕거리며
낯익은 모습으로 항시 다가온다
새 생명이 늘 솟구치는 곳
싱싱한 해산물 숨을 내 뿜는
한 접시 물회를 입에다 넣으며
도란도란 거리던 추억의 향수
내 욕망의 들이킴 속에는
항구의 불빛들이 출렁거린다

2
여수 여객선 넘나들던

이별의 뱃길따라
정수리를 끼얹던 뱃고동소리
함께 소리치던 익살스런 얼굴들
가슴에 박힌 영도다리의 초상화
발 동동거리던
만남과 헤어짐의 징표들
검푸른 파도의 영도다리 난간 아래
귓전의 소용돌이 갯내음의 쾌적한 숨소리
그 바닷가에 마실 나온
눈부신 낭만들이
황혼의 창가에 선 내 앞에서
까치놀의 형상으로
수신을 보내는데
갈매기 등에 업혀서
아이시절의 모험을 안고서
세월은 곤두박질친다

연락선을 타고

석양이 빚은 물결의 그림자를 뚫고
백갈매기 너울대는 부산항을 스쳐간다
선상 위 파도의 넋이 되어 둥둥 떠간다
쭈욱 드러누운 해안선 따라
오륙도에 굿바이 키스를 한다
유혹의 해풍에 가슴 열어젖히며
흠뻑 들이마시다가 깊게 내 뿜는다
세월의 흐름에 동행하는 물살
꿈과 현실 모두 잠수해 버린다
끊임없이 밀려오는 파도를 보면서
마음먹은 대로 되지 않는 인생의 끈을 놓아본다
결코 길지 않은 삶의 여정
질주의 파장은 눈앞에서
그냥 그렇게 흘러가라 한다
남편의 간섭도 에미의 의무도
몽땅 바다에 침잠시킨다
파도살 굽이굽이 곁눈질하다
망망대해에 던져진다
난생처음 얻은 자유의 나래 짓
나처럼 길 잃은 물새 한 마리
눈 깜짝할 사이 스쳐 지나는데
희열의 순간과 얼룩진 사연들이
부질없는 욕망의 물거품이 된다

애린의 항구

세월이 아무리 흘러간들
응어리진 상처는 생선가시인 양
네 곁을 지켜주지 못했던
게으름을 피우는 마도로스의 항구
지금도 들리는 듯 네 목소리
친구들 귀에 걸려 있는데
저 바다는 아무 일도 없었다는 듯이
뿌우연 안개바람 나부끼고 있다
그리운 임 보이지 않아도
저 바다를 너 품에 숨겨가나니
짙은 사랑 물들인 치마폭의 노을빛
수평선 너머 가라앉기 싫어
참나무 솔숲 너머 바다 너머
죽음의 문턱을 건너온 사람아
삶의 끝자락을 껴안고 몽돌해변을 서성이고 있다
물결 위 일렁이는 널 찾다가
떨쳐버릴 수 없고 지워지지도 않는
애린의 홍시에 얼굴을 묻는데
되돌릴 수 없는 청춘의 화살이
바다에 흥건히 쏟아져
저무는 항구를 붙들고
망망대해에 닻을 내리며
떠날 줄을 모르고 있다

을숙도와 진우도의 늪지는

1
그 언제였던가
너와 나 발길 머물러 흘러가던 곳
하염없이 낙동강 하굿둑을 거쳐서
민초들의 숨소리 늪지에 파묻혀서
모시조개 보글대며
토장국 끓는 소리
두레 밥상 마주하며
펄럭이는 하늘가
옛사람 정겨움 넘쳐나던 곳
굽이굽이 산천에 지친 강
더운 신발 벗어 던지고
바다 언저리에 발을 담그던 날
태백 골짜기 물은 산을 가르며
낙동강하구까지 흘러 흘러서
어우러짐은 바로 우리네 삶이다

2
내 발길 따라
저무는 일몰 풍경
시원스레 펼쳐진
갈대밭 사이 길로

강물과 바닷물 끊임없이
속살대며 한데 어우러져
부챗살 지형으로 얼싸안고 떠간다
인간이 남긴 오류의 얽힘도
슬슬 풀어주는 듯
순식간에 지나쳐버린 세월과
욕망에 얽매인 삶의 푸념들이
서로 유유히 살갗을 섞으며
나란히 수평으로 휘몰아가는
어머니 젖가슴
풀어헤치던 곳이다

쾌속정의 바다

1
항구를 누비는 뱃사람처럼
저 먼 수평선도 가까이
휘파람 후려치는 파도를 타고
내 전신을 애무하는 바람을 타고
끝없는 미로를 달리는 바다
무한대의 인생을
꿀꺽 삼켜 버린다
배의 중심에 촉각을 곤두세우며
구릿빛 팔뚝의 사나이에
온몸을 내 맡긴 채
이토록 날쌔게 바다 위를 누벼본다
어느새 내 청춘은 간 곳이 없고
겁먹은 중늙은이 벌벌 떨고 있으니
딱 붙어 앉아 당신을 꼭 껴안아도
회전속도에 떠밀린 배의 난간이
허공중에 표류하는 것 같아
심장의 고동은
시계바늘처럼 멎는다

2
두려움은 언제

포말 속에 휩쓸려갔는지
홀연히 쾌감의 소릴 지르고파
고운 이의 이름은 생각나지 않고
미운 이의 이름만 생각나
검푸른 심해의 호흡을 향해
소리소리 고함지른다
다가올 삶 마음껏 도전하라고
침잠의 공포를 짓밟아보라고
내 살아가는 그날까지
쾌속정의 바다를 잊지 말라고
고향바다 쪽빛
낭만의 숨결에
양껏 충동의 고무줄을 튕긴다
수평선을 향해

겨울해변의 아침

1
춥고 매서운 아침 바다
밀물이 남기고 간 모래톱에 도장을 찍으며
리아스식 해안선 위 청춘이 된다
이른 출항을 서두르는 어선들의 깃발 사이
괭이 갈매기들 울어대는 소리
뜀박질하는 사람들은 하얀 포말 튕기며
다가올 인생을 저울질한다
파도는 내게 갇힌 영혼을 휘감아 가면서
별일이 아닌 미련을 버려라 한다
오렌지 향기에 빛나는 일출이
진줏빛 쟁반에 황금사과를 떠받치며
내 가슴팍 황홀한 신부를 맞이한다
눈부시게 쏟아지는 수평선 위
태양은 물결 따라 찬란함을 과시하고
낭만을 펄럭이며 몰려다니는 물새 떼
모여 살면 따뜻해진다는
진리를 터득한 듯
삼각산 기슭처럼
두 행렬 나란히 날아간다

2

그렇게도 가고 싶은
고향하늘 아이시절
온통 아침바다
모조리 다 마시다 보면
조그마한 근심거리
말끔히 거두어진다
출근하는 차들은 다투어 지나가고
고뇌와 회한의 세월도 지나가고
아무 것도 이룬 것 없어도
사람들은 건강 좇아 가쁜 숨 몰아쉰다
순식간에 사라져 버릴
삶의 한평생이여
그대 사랑을 맞이하기 위해
진줏빛 쟁반을 높이 떠받치라는
존경을 일깨워 준
수평선의 아침이다

초대된 바다
– 불꽃축제

1
삶의 진한 의미가
우주 저편에서 접목된다는 유혹
망태를 짊어지고 멍석을 깐다
지구촌을 강타하는
레이저 쇼의 극치
바람난 오색바다에
놀란 물고기 떼
줄행랑쳐 잠식된 질식의 바다
수많은 군중의 인간 파도타기
고개 숙인 경기를 회복하는
승전타의 쏟아짐
해바라기 함박웃음과
들국화 꽃술의 접목은
새신랑 새신부의 첫날밤이다
나이아가라의 불비의 향연
지난 허물 채워주는
폭포의 야망이다

2
하루 벌어 하루 먹고 살아가는
삶에 열중한 모든 사람들에게

골짜기를 헤쳐 나아가라는
제비의 비상으로
참고 견디며 꿋꿋이 살아가라는
한 줄기 희망의 나부낌이다
나이아가라의 은빛 맹세는
불현듯 사라져버리는
인간의 목숨처럼
삶의 부귀영화에 커튼이 내려지는
찰나의 여운을 안고
우리들은 지금 어디로 가고 있는가
일제히 어우러져
환호하는 함성사이로
참되게 살아가라는 가르침이다

삼촌의 눈물

언제나 삼촌 곁을 지켜주던 나지막한 음성이
얼마 후면 들을 수 없다는 사실만으로
눈을 감고서 울고 있었다
죽을 준비가 되어 있습니다 삼촌
삶이 얼마 남지 않았다는 죽음의 목전에서
눈물샘에 고인 추억들은 쏟아지고 있었다
그 어떤 말로도 위로가 될 수 없었고
그 무엇으로도 치유가 될 수 없었다
어찌 우리들의 무대에서 이별할거나
조각난 추억들을 꿰맬 시간마저 모자란다
내일은 맛나는 것이라도 나눌거나
까아맣게 타들어가는 얼굴색보다
음식을 술술 넘길 수 없는 쓰린 표정
말 없는 심정은 새카맣게 타들어갔다
다 어차피 떠나가야 할 나그네 길이지만
죽음을 알고서 살아가야 하는
모진 십자가 앞에서
살며시 내리감은 조카의 눈매에
끝없는 자애로움의 은총을 보내었다
함께 뛰놀았던 어린 시절이
함께 산을 탔던 풋풋한 추억들이
함께 의논했던 수많았던 순간들이
눈먼 울음을 터뜨리고 있었다

내 가슴 속의 바다

이 세상을 떠난 물결이 되어 우리들 가슴 속에 흐르는 江
아버님 무덤에 이르는 길은 높디높아 하늘에 닿아 있어
보고 싶어도 가고 싶어도 쉬 혼자 갈 수 없더니
이제 어머님 곁에 가는 길도 구름 속의 산등성이
한 평 땅의 비석이 되어 두 분 나란히 누워 계시네
당신들이 보여준 지극한 사랑 무한정 베풀며 살아오신 삶
그대로 본받아 살아가려네
우리들 심장에 박혀버린 보석들
너희는 아느냐
애비의 헌신을
에미의 사랑을
언제 어디서든 깜박이는 신호등
잊혀 지지 않는
잊어서는 안 되는
결코 헛되이 살아서도 안 되는
회초리의 고향바다
그 무언의 가르침들이여
내 살아가는 그날까지 끊임없이
어디선가 귓전에 나부끼는 음성들
잊히지 않는 보은의 넋이 되어
고달파 눈시울 적실 때도
어느새
다가와 닦아주고 있네

어머님 전상서

저 하늘 어느 곳에 계실
어머님 모습 한 줌 담으려
어제는 이모님을 찾아갔습니다
팔순 노모의 구부정한 허리
닮으신 그 품에 당신이 계셨습니다
푹 퍼진 현미밥에 고사리나물 반찬
맛나게 잡수실 아련한 생각에
목이 메어 한참을 머금었습니다
보리차에 말아서 밥을 먹었으나
술술 넘어가지 않았습니다
그리운 어머니
이제 흩어진 형제들이
추석 명절에도 모이지 않았습니다
어머님 뜬세상이
이토록 건조할 줄 몰랐습니다
보고 싶어도
만지고 싶어도
달랑 흑백 사진 속 모습만이
남아 있을 뿐입니다 어머님!

넘치는 응급실

죽느냐 사느냐의 허기진 귀로에서
수레바퀴에 실려 오고 있다
아비규환의 신음소리 남녀노소 구별도 없다
시도 때도 없다 환자들과 보호자들로 웅성웅성
의사도 보이지 않고 간호사도 이디 있는지
어린 학생이 울부짖고 있다 한 청년은 전혀 의식이 없다
노인은 넘어져서 부동자세다 내내 서서 극진한 간호
초췌한 할아버지 모습 시선은 멈추고 있다
사는 게 살아있는 게 무상하여라
바람은 아무 일도 없었다는 듯이
피로에 시달리는 옷깃을 나부끼고 있다
가슴 조이며 열심히 산 죄밖에 없는데
이처럼 고통의 수레바퀴들 죄고 있구나
얼마 전엔 환한 친구가 홀연히 떠나더니
어제는 내 이웃이 떠나가고 오늘은 응급실에 내가
나무 곁에 어린 잎새들 소곤거리다
하나 둘 단풍져 야위어 흩어지듯이
삶에 죽음이 덮히어 멀어져 가고 있다
영원 속에 숨죽여 살다
어느 날 갑자기 떠나가야 하는
죽음 향한 삶의 한 떨기 수채화

인생은 낙엽이어라

어느새 나도

스산한 바람이 차갑게 느껴지는
노년의 모습이 되어 가는구나
무거워도 곧잘 다닌 지 엊그젠데
이제 둘러매면 휘청거리는구나
제 몸도 추스릴 수 없게 되어 가나니
휠체어에 의지해 눈 감고 우시던
어머님의 모습이 생각나는구나
그렇게 넓어 보였던
어머님의 젖가슴에서
그렇게도 소중히 토닥였던
파도소리의 출렁임들
들려오는 기러기 울음소리들
하루하루 살아 있음에
감사하는 마음으로 살아가나니
여든 살 눈물로 키워 온
육남매의 낡은 일기장
꿈틀대는 빛바랜 기억 속에
골수 다 빠져나간
가냘픈 하이얀 살갗
그 서러운 어머님의
흔적이 되어가는구나

실로암의 흙

그건 그냥 흙이 아니지

흰국화 알갱이 뿌려진
친구의 옷이지

포슬포슬한 속살이지

꽃이 피는 봄날
꽃비 되어 흩어지지

눈물과 탄식은
추억의 바다이지

빙그레 네 미소는
내 가슴에 흐르지

못다한 인생의 잠
저 산 기슭에 머물지

| 작품 해설 |

즐김의 바다시학

송다인 열한 번째 시집 「가만히 너를 즐긴다」

| 작품 해설 |

즐김의 바다시학

송다인 열한 번째 시집 「가만히 너를 즐긴다」

정 영 자
(문학평론가, 부산광역시 문인협회 회장, 한국여성문학인회 부회장)

시는 삶의 정직한 표현이다. 수많은 비유와 상징으로 시의 묘미를 나타내고 있는 시인의 수사적 장치도 그 속에 숨어 있는 삶의 다양한 형태로 나타나고 있다. 애매, 모호한 수사적 표현을 통하여 더욱 확실하고 뚜렷한 이미지를 나타내며 시적언어가 현실적인 언어를 뛰어넘고자 시도하고 있는 것이다.

필자는 동백섬을 돌고 있다. 늘상 보고 걸어본 동백섬이지만 걷지 않고는 안 되는 현실의 운동량이 발끝에 떨어지자 가장 쉽게 갈 수 있는 동백섬은 선택의 여지없이 매일을 찾고 즐기는 장소가 된 것이다.

빨갛게 꽃이 피고, 아직도 많은 꽃봉오리가 더 따뜻한 햇볕을 기다리며 눈부신 녹색의 동백나무가지에 달려 있는 모습은 감격이다. 아직도 활발하게 걸을 수 있는 동백섬을 돌아가는 길옆으로 밤이면 찬란한 네온 싸인 불빛이 바다 속에 일렁이며 멱 감고 심심하지 않게 광안대교는 오른쪽에서 화려한 디자인으로 선을 긋고 있었다. 걷지 않고는 안되는 걷기에 시간을 할애하면서도 더 깊게 사는 또 하나의 삶의 표현이요 사랑시학이다.

호수 같은 바다를 끼고 돌다가 전망대 돌아 다시 호텔 쪽으로 방향을 돌리면 바위를 치는 파도소리가 높게 나며 낮은 동백나무의 꽃이 작아서 앙증스럽다. 온통 바다와 함께 도는 길이요, 동백꽃과 함께 피어나 봄이면 광안대교가 함께 어디가 달려오고 달려가야 하는 우리들 인생을 성찰해 보는 시간이기도 하다.

송다인 시인은 이와 같은 걷기와 성찰의 시편을 즐기고 있다.

그동안 시집 「울타리」(1999), 「능금 나의 사랑」(2001), 「비상을 꿈꾸는 새」(2003), 「물결」(2004), 「쉼 없는 열정 그리고 사랑」(2005), 「지큐의 독백」(2006), 「다시금 일어나 길 떠나네」(2007), 「내미는 손」(2008), 「오카리나를 불면서」(2009), 「장미라는 이름으로」(2010)를 상재한 송다인 시인은 열한 번째 시집 「가만히 너를 즐긴다」에서 거침없는 표현과 열정의 언어를 통하여 바다를 향한 그의 끝없는 환호와 웅혼한 현실의 바다를 읊고 있다.

지형적인 바다는 그의 시적 바다이면서 현실의 바다이기도 하다. 특히 여행을 통한 바다와의 만남은 즐김의 미학과 긍정의 시학으로 뿌리내리고 있다.

따라서 다양한 바다의 노래를 보여주는 시집이 「가만히 너를 즐긴다」의 특성이다.

그의 바다는 여행을 통하여 만나는 바다이며 거제, 피아골, 선암사에서 송광사, 절영도 해변 둘레길, 독도, 월전, 영일만, 통영, 감포, 삼천포, 간절곶, 영월루, 가덕도 등의 곳곳을 도는 여유와 또 하나의 새로움과 여유 속의 성찰이 모아지는 바다이기도 하다.

송다인 시인은 〈시인의 말〉에서 "나는 언제나 시를 향하고 있습니다. 그러면 행복이 내 안에 가득합니다. 한 줄 시를 위하여 틈만 나면 야생의 길을 떠나고 있습니다"라고 말하고 있다. 청량한 산속과 풍광 속에서 좋은 사람들과 함께 하며 고향바다인 영도를 잊을 수 없는 그는 시와 사랑의 바다를 떠올리며 시를 써 거의 일 년마다 시집을 상재하는 열정적인 시인이다.

어렵고 슬픈 사연 속에서도 긍정적인 삶의 자세와 부지런하게 사람과 풍광과 여행을 즐기면서 시와 친하고 사람과의 교류에 정성을 다하여 서러움과 고독을 발효시켜 시의 바다를 열고 있는 시인이다.

> 칠흑 같은 밤바다를 질주하는 건
> 외줄타기 광대의 두근거림이다
> 일상을 뒤로 한 도전은
> 이미 반짝거리고 있다

온갖 시름 다 잊고 떠나는 마음
서서히 어둠을 벗어나고 있다.
새벽 열차의 은은한 절규
얇은 여름 구름이
산마루에 뿌려져
대구까지 이어져 있다.
스쳐 지나가는 청초한 풍경 속
가만히 너를 즐긴다.
눈도 좀 쉬고 마음도 좀 쉬고
더욱 육체도 좀 쉬어 가려마
날 부르지 마
너도 달리고 내 마음도 달리고
고개 들어 하늘을 바라보는 자세 그대로
너무 평온한 탈출이다.
싱그러운 산천의 여명
오늘의 태양은 떠오르고 있다.
너와 나의 미래도 밝아오고 있다.

-「새벽열차」 전문

'외줄타기 광대의 두근거림' 으로 표현한 새벽열차의 질주는 일상을 뒤로하는 새로운 도전이다.

철길 주위의 새벽의 청초한 풍경을 마음껏 즐기는 시인은 휴식과 평온한 일상의 탈출을 통하여 서서히 산과 강물이 밝아오는 시간의 미래를 지향하고 있다.

갈등과 충돌, 취할 수 없는 일상의 생활을 향하여 근면과 성실로 달려도 확실한 해답을 건질 수 없었다. 시인의 절망이나 외로움도 새벽열차의 질주 앞에서는 새로운 희망의 노래로 이어지고 있다.

송다인 시인의 즐김의 미학에서 긍정의 시학을 읽을 수 있는 시편은 많다. 그러한 시는 에로틱한 사랑의 기법으로 사물을 표현하고 있다.

물안개 피어오르던 날
하루는 동백섬을 휘감아 돌아
지리산 천왕봉을 만들어 놓더니
오늘은 이기대 해안 절벽 얼싸안고
보쌈의 바다 위
어머니 치마폭에 싸여
하얀 속살로 널 껴안으며
소리죽여 기웃거린다.

-「물안개의 바다」에서

사물을 바라보는 시인의 상상력은 동백섬에서 지리산 천왕봉으로 확대되고, 이기대 절벽을 안고 도는 어머니 치마폭에 이른다. 하얗게 부서지고 밀려오는 흰 파도를 하얀 속살로 환치시켜 껴안으며 소리 죽이는 에로틱한 정경으로 표현하고 있는 「물안개의 바다」는 여성 특유의 몸짓을 바탕으로 압축되는 사랑의 기법이다.

우리가 할 말들이 가득 잠자고 있는
세 봉우리 신비한 거제도 갈곶리
한 떨기 연꽃 같은 풍채 좀 보게나
수 천 년 풍상에 끄떡도 않고

꼭대기 노송들 좀 보게나
침묵의 바다 아지랑이 사이로
아롱지며 살랑 되는 청정의 빛살들 좀 보게나
구름을 베개 삼고 벗은 저대로의 속살 좀 보게나
산자락을 폭 에워싸고
하늘까지 동행하는 속삭임 좀 보게나
살물결에 부리 비벼대며 자맥질하는
엎치락뒤치락 저 물새 좀 보게나
해풍에 둥둥 해초에 둥둥
부표들 손짓하는 저 춤사위 좀 보게나
손에 감돌던 물살의 촉감
청춘의 꿈들 좀 건져 보게나
묵묵히 그대 곁에 다가서던 동요
내 맘속에 그대가 스며드는 것 좀 보게나
남해 바다에 눈부신 나신을 드러낸 채
저토록 짙푸른 아리랑의 혼 좀 보게나
오늘도 내 가슴에 일렁이는 갈곶리

사랑아 네게 안기는 꼴 좀 보게나

-「거제도 갈곶리 바다」 전문

〈...좀 보게나〉를 아홉 번이나 사용하면서 독자를 유인하여 동참시키는 시인의 시작태도가 여유를 넘어 풍류의 바다에 이르고 있다. 거제도 갈곶리 바다를 이처럼 객관적인 묘사에다 심리적이고 서정적인, 그리고 육체적인 사랑의 태도로 접근하여 묘사한 것에서 시인의 능숙한 시작경험과 다양한 정신사적인 성숙을 느낄 수 있을 것이다.

하고 싶은 우리들의 할 말이 가득 잠자고 있는 신비한 거제도 갈곶리의 세봉우리는 한 떨기 연꽃 같은 풍채이고 수천 년 풍상에도 끄떡없는 꼭대기의 노송들 추임새가 있는 흥겨움의 풍류는 「선운사의 가을」에 오면 꽃무릇을 통한 에로틱의 절정에 이른다.

온산에 흐드러진 꽃무릇의 향연이오
선운사의 가을이 시집가는 날이요
화려한 꽃 댕기 머리에 이고지고
임 찾아 산들산들 떠나는 길이요
가녀린 꽃줄기는 녹색 마차를 타고
너무나 당당한 꽃마실의 행차요
주황과 녹두의 화려한 추임새
수평선의 행복이 잔뜩 넘실거려요
머리끝부터 발끝까지 연지곤지 도배를 하고
꽃가마 타고서 홍시처럼 흥얼거려요

꽃은 잎이 그리워 잎은 꽃이 그리워
사무친 情 상사화라
썰렁한 꽃대만이 부르르 떨고 있어요
진다홍 입술에 첫 키스의 흔적인양
요리조리 살랑대며 부끄러워하는
저 유혹의 눈부신 촉수들 좀 봐요
화아악 쏴아악 내 뿜고 있는
희망과 화해의 상모춤
어와둥둥 어절씨구 콩당콩당 퐁당퐁당
찬란한 첫사랑의 두근거림 좀 봐요
마구 그대를 흔들어대면서 딱 붙어서

일제히 환호하며 보릿대춤을 추고 있는
저 아름다운 사랑들 좀 보아요

- 「선운사의 가을」 전문

봄 아지랑이 사이로 살랑대는 바다의 빛살, 산자락을 폭 에워싸고 구름을 베개 삼아 속살을 드러내며 하늘로 오르는 바다의 속삭임, 자맥질하는 물새들의 춤사위, 남해 갈곶리 바다가 일렁이며 안기는 모습을 찬탄하는 시인의 뜨거운 노래는 압권이다. 우리나라에서 제주도 다음으로 큰 섬인 거제도 남부면 갈곶리의 바다는 해금강이 있어 그 수려함이 절경이다.

그 원시림 같은 해금강 갈곶리의 바다를 에로스적인 수사와 함께 "해풍에 둥둥 해초에 둥둥", "좀 보게나"의 운율적인 리듬과 경상도 사투리의 특유한 종결어미를 반복하며 시는 리드미칼하게 사랑의 몸짓으로 독자에게 어필하고 있다.

난해성과 심각성, 그리고 정치적인 구호가 난무하고, 청승맞게 가난을 비었음을 측은함과 서러움을 부풀리고 있는 억지스러움의 시의 창작을 넘어 자연스러운 풍류를 풍광 속으로 가져가서 어깨춤을 만들어가는 시인의 대중적인 제스처는 시의 읽힘에 공헌하고 있다.

"향연이요", "날이요", "길이요", "행차요", "넘실거려요", "흥얼거려요", "떨고 있어요", "좀 봐요"의 적극적이고 도도한 풍류는 긍정시학으로 연결되고 송다인 특유의 에로스에 이른다.

이와 같은 에로틱한 시적 표현은 「바람이 바람에게」서도 볼 수 있다.

〈바람불어 좋은 날/해금강 선착장의 바람이/민둥산 천연잔디의 바람에게/쪽빛 속살 겨드랑이 끼고서/할 말이 있다며 가지런히 포개는구나…(후략)〉

바람이 부는 날, 해금강의 바람이 민둥산의 잔디에 부는 바람을 끼고 할 말이 있다며 가지런히 포개는 바람의 기류는 시인만이 감지할 수 있는 보임과 떨림의 메세지인 것이다.

송다인 시인의 에로틱한 서정성은 여기에 멈추지 않고 「한 줄 詩를 위하여」에서는 음악과 무용을 통합하며 사랑 시학에 이르고 있다.

전화기마저 꺼버리고
홀로 너를 만나러 간다
가다가 모르면 묻고 또 물어가면서
가도 가도 끝이 보이지 않는 들녘 길
낯선 곳으로 떠나는 두근거림
길을 헤매다 어두워 질 때쯤
홀연히 치솟는 새떼를 본다
새까만 청둥오리들 저기 저
절대로 부딪히지 않는
황홀한 콘서트의 전율을 본다
억새 춤추는 물 위 바람 따라
공작새처럼 나래를 펼치면서

슬겅슬겅 그대에게 다가서는
고니의 뽀오얀 사랑을 훔쳐본다.

-「한 줄 詩를 위하여」에서

역경과 외로움 속에서도 시인은 활발하게 세상과 사람을 찬탄과 새로움으로 느끼고 있다.

한 줄 시의 희망과 사랑은 보이지 않는 들녘이지만 설레임이 있고, 홀연히 치솟는 새떼와 청둥오리의 황홀한 콘서트로 어울린다.

시인의 시는 사랑과 전율과 설레임의 융합으로 표현된다. 「피아골 계곡」은 웅혼한 서사시적 흐름을 보여주는 역사를 담아 표현하고 「월전바다」는 다양한 이미지의 표현을 통하여 장어구이 냄새, 갈매기떼, 파도를 노래하고 있다.

입으로는 장어구이를
눈으로는 갈매기 하늘을
가슴으로는 파도의 몸부림을
설겅설겅 장난치는 줄 알았더니
우렁차게 달려와서는
한 치의 양보도 없이
매몰차게 후려치는
태산 같은
파도의 울음을 본다

-「월전바다」에서

그의 시는 직설적인 성찰의 고뇌를 읊고 있는 시가 많

다. 그러나 시인은 끝까지 세상과 사람을 따뜻하게 안고 사랑하는 긍정의 시학, 즐김의 미학으로 문학에 접근하고 있다. 어떻게 풀어진 시의 넓이를 압축하고 지나친 감성의 유발을 은유적 장치로 다듬어 갈 것인가는 앞으로의 과제로 남을 것이다.

2007년~2011년

松栮 송다인 시인의 발자취

2007년~2011년

松栮 송다인 시인의 발자취

2007년

- · 03. 24　통영문협초청 통영문학기행 자작시 「광안리해변에 오면」 낭송
- · 06. 25　제7시집 『다시금 일어나 길떠나네(도서출판 해암)』 간행
- · 09. 10　시림문학 동인지 제5호 간행

2008년

- · 07~08　한국해양문학제(광안리해변 시화전) 자작시 「광안리의 밤바다」 전시
- · 04. 07　제8시집 『내미는 손(도서출판 해암)』 간행
- · 06. 10　시림문학 동인지 제6호 간행
- · 09. 20　영도초등 100주년 기념 축시 「우리는 모두 무엇이 되어」시낭송
- · 09~10　제3회 시림문학 시화전(성지곡 시화전) 「저기저 천태호」 출품

2009년

- · 08. 04　2009한국해양문학제(광안리해변 호메르스호텔 20층)
  「등대에 서서」 자작시 낭송
- · 06. 09　제9시집 『오카리나를 불면서(도서출판 한국디지털도서관)』간행
- · 06. 30　시림문학 동인지 제7호 간행
- · 07. 03　한국시낭송회 창립식
- · 08. 07　한국시낭송회 제1회 개최함
- · 09~10　제4회 시림문학 시화전(성지곡 시화전) 「청포도」출품
- · 12. 09　대연동 평화교회 창립6주년 초청 「밥만하면되는 여자」 시낭송

2010년

- · 12. 03　한국시낭송회 제17회 낭송대회 「청포도」 낭송
- · 01. 16　알바트로스 제37회 신년초청시인 초대 송다인 시인
  희망을 주제 「희망의 임랑바다」 자작시 낭송
- · 04. 23　제10시집 『장미라는 이름으로(도서출판 두손컴)』 간행
- · 04. 14　애광원(지적장애인재활시설) 부산여고 21회 동문 방문봉사 및 후원
- · 04. 27　사회복지법인거제도 애광원 제10시집 『장미라는 이름으로』 40권 기증
  05월호 – 애광원 잡지 p14 「장승포의 유산」 연재
- · 10. 15　시림문학 동인지 제8호 간행
- · 10.　시의 날 백일장 시제 「베개」자작시 낭송
- · 10. 16　제1회 전국시낭송대회(주최 : 한국시낭송가협회)
  p33 「새들도 잠 못 이루는 밤이있다」자작 낭송
- · 10. 16　제46회 알바트로스 초대시인 「선운사의 가을」 자작시 낭송
- · 12. 12　대연동 평화교회 창립 7주년 초청시인 송다인
  「혼자 사는 그녀」 자작시 낭송

2011년

- · 01. 07　제18회 한국시낭송회 「혼자 사는 그녀」
- · 03. 04　제19회 한국시낭송회 「거제 노자산 겨울산행」
- · 03. 23　해운대 구청로비(어린이 체험학습) 「허브 오카리나 여인들」 자작시 낭송
- · 03. 30　부산광역시 시청로비 음악회(초청) 〈허브 오카리나 앙상블〉 초대시인 송다인 「봄 소풍」 자작시 낭송
- · 04. 01　제20회 한국시낭송회 「실로암의 흙」

국제신문(문화) 2010년 8월 3일 화요일 - 조봉권 기자

최근 만난 송다인 시인은 얼마전 펴낸 10번째 시집 '장미라는 이름으로'(도서출판 두손컴)의 여운이 여전히 가라앉지 않은듯 했다. 1997년 등단하고 1999년 부터 펴내기 시작한 시집이 어느덧 10번째에 이르면서 '달라짐', '전환'등에 대한 고민이 깊어진 것으로 보였다. 이번 시집에 실린 시집은 자신이 찾았던 장소나 만났던 사람들, 생활 속 체험을 풀어내면서 서정시의 면모를 여전히 중심에 놨다.

하지만 시적 대상은 조금 더 넓어 졌고, 때에 따라선 거침없이 시어를 뿌려놓기도 한다. 이 점에서 자신이 가진 개성의 변환이 엿보인다. '일 미터도 채 안되는 쇠사슬이/목에 묶여 앉았다 섰다만 한다/처음엔 예사로 보았다/굳게 닫힌 배관 설비 집문지기 개 두마리 갈증나는 목줄의 길이/종일토록 앉았다 일어섰다만 할 수 있는/한 걸음 밖에 없는 자유/…섬에 팔려 가서나 도심 속에서도/방에만 갇혀서/자유라고는 생리현상의 해결뿐인/무서운 사람들에 감금당한 눈물을 본다/출렁이는 뜨거운 피의/싸늘한 응고를 본다…'('구속과 자유'중). 이 시에서 시인은 구속과 자유라는 낱말을 일상 속 사람들 관계로 확장시키며 그 불안함과 실낱 같은 희망을 함께 보려고 애쓴다.

거침없이 써내려가면서 풍경과 서정에 관한 상투적 표현에 노출되는 작품도 보이지만 삶을 직시하겠다는 의지가 강하게 느껴지는 서정시들도 늘었다. '고통의 이력서에/도장을 찍는다/바다 깊숙이 내려간다/도대체 그 끝은 어디메인가/삶의 결망 속 늦어졌다는 건/핑계 밖에 안 된다/시티 촬영 컴퓨터 앞에서/철부지 아이가 된다…'('굴레'중). 와 같은 대목들이다.